BEI GRIN MACHT SICH IHR WISSEN BEZAHLT

AF167095

- Wir veröffentlichen Ihre Hausarbeit,
  Bachelor- und Masterarbeit

- Ihr eigenes eBook und Buch -
  weltweit in allen wichtigen Shops

- Verdienen Sie an jedem Verkauf

Jetzt bei www.GRIN.com hochladen und kostenlos publizieren

Diseño de asistente artificial en bibliotecas y usos académicos

Carla Zurita

Bibliografische Information der Deutschen Nationalbibliothek:

Die Deutsche Nationalbibliothek verzeichnet diese Publikation in der
Deutschen Nationalbibliografie; detaillierte bibliografische Daten sind
im Internet über http://dnb.d-nb.de abrufbar.

ISBN: 9783346326942
Dieses Buch ist auch als E-Book erhältlich.

© GRIN Publishing GmbH
Nymphenburger Straße 86
80636 München

Druck und Bindung: Books on Demand GmbH, Norderstedt Germany
Gedruckt auf säurefreiem Papier aus verantwortungsvollen Quellen

Das vorliegende Werk wurde sorgfältig erarbeitet. Dennoch
übernehmen Autoren und Verlag für die Richtigkeit von Angaben,
Hinweisen, Links und Ratschlägen sowie eventuelle Druckfehler keine
Haftung.

Das Buch bei GRIN: https://www.grin.com/document/975516

TECNM | Instituto Tecnológico Superior de Tierra Blanca

Diseño de asistente artificial

en bibliotecas y usos académicos

Ingeniería en sistemas computacionales

2020-2021

Fundamentos de investigación

Carla Pulido Zurita

Tabla de contenido

Resumen

Este proyecto tiene como finalidad diseñar y desarrollar un asistente inteligente personal para personas que necesiten la ayuda para actualizarse en el nuevo mundo de la tecnología, con el fin de facilitar la adaptación de las nuevas tecnologías, también ayudar en la vida cotidiana de las personas, así como personalizarlo al propio gusto del usuario y hacer diversas actividades que estén al alcance.

La idea de este proyecto surge con crear una versión reducida, una demo de un asistente inteligente que tenga la capacidad de servir a los demás y de bajo coste, pero con las mismas prestaciones que los asistentes inteligentes ya existentes en el mercado actual como pueden ser Siri o Google Home y con el propósito de que el dispositivo diseñado sea capaz de procesar la voz y reproducir las respuestas dirigidas al usuario en español.

El proyecto como finalidad tiene a ayudar las necesidades de las personas, así como también llegar a hacer cosas por su usuario con el simple hecho de solo recibir la orden.

Así mismo tiene también de base construir un asistente artificial inteligente cubriendo las necesidades del usuario en el ámbito laboral y vida cotidiana a un costo considerable dejando satisfecho al cliente.

En los últimos años ha llegado a crecer la idea de que llegan nuevas tecnologías, por lo cual nos hemos dado cuenta de que nosotros mismos estamos construyendo el futuro con nuevas ideas usando la nueva tecnología y aprendiéndola a usar, no obstante, no todos en el mundo están a la disposición de poderse actualizar a un nuevo mundo lleno de cosas nuevas. También en los últimos años ha llegado a crecer el uso de nuevos asistentes artificiales inteligentes en teléfonos celulares y el hogar.

Aunque trágicamente un asiste como este puede ser muy caro y no puede cubrir exactamente todas las necesidades del usuario al 100%. Por otro lado, la mayoría de los asistentes artificiales que están en el mercado suelen a tener un solo lenguaje al inglés, es decir, las consultas proporcionadas por el usuario y las respuestas del dispositivo tan solo están disponibles en un solo lenguaje.

Por otro lado, a todos los usuarios les gusta ahorrar mucho tiempo haciendo sus deberes y tareas, por lo que nuestro dispositivo tendrá la dicha de ayudar, ya que el dispositivo ara la vid más llevadera y cómoda para usuarios que tengan al alcance este tipo de dispositivos.

El objetivo principal de este proyecto es crear una inteligencia artificial lo cual pueda ayudar a personal que asiste en bibliotecas, así mismo este a disponibilidad de las personas con alguna discapacidad para facilitarles la vida e incluso sirva para el desarrollo de estudiantes.

Por otro lado, nuestro proyecto se basa a que físicamente sea portátil, Snowboy, de activación mediante frase clave, que incluya conversación de voz a texto, conversación del texto a voz, activación y acoplamiento del diseño Raspberry Pi.

Palabras clave:

Asistentes virtuales, inteligencia artificial, innovación.

Summary

This project aims to design and develop an intelligent personal assistant for people who need the help to update the the new world of technology, in order to facilitate the adaptation of new technologies, also help in the daily life of people, as well as customize it to the user's own taste and make various activities that are available.

The idea of this project arises with creating a reduced version, a demo of an intelligent assistant that has the ability to serve others and low cost, but with the same features as the smart assistants already existing in the current market such as Siri or Google Home and with the purpose that the designed device is able to process the voice and reproduce the responses addressed to the user in Spanish.

The project aims to help people's needs, as well as get to do things for their user simply by receiving the order.

It also has the basis of building an intelligent artificial assistant covering the needs of the user in the field of work and daily life at a considerable cost leaving the customer satisfied.

In recent years the idea that new technologies are coming has grown, so we have realized that we ourselves are building the future with new ideas using new technology and learning to use it, however, not everyone in the world is willing to be able to upgrade to a new world full of new things. In recent years too, the use of new artificial smart assistants in cell phones and the home has grown.

Although tragically an attend like this can be very expensive and cannot exactly cover all the user's needs 100%. On the other hand, most artificial assistants on the market typically have a single English language, i.e. user-provided queries and device responses are only available in a single language.

On the other hand, all users like to save a lot of time doing their homework and tasks, so our device will have the joy of helping, since the device has the most bearable and comfortable vine for users who have this type of devices within reach.

The main objective of this project is to create an artificial intelligence which can help staff who attend in libraries, as well as this at the availability of people with disabilities to make their lives easier and even serve for the development of students.

On the other hand, our project is based on physically being portable, Snowboy, activation by key phrase, including speech-to-text conversation, text-to-speech conversation, activation and coupling of the Raspberry Pi design.

Keywords:

Virtual assistants, artificial intelligence, innovation.

Projecto

Un asistente personal es un agente de software que puede realizar distintas tareas y ofrecer varios servicios a las personas. Las tareas que el asiste puede hacer están basados en la entrada del usuario, reconociendo ubicaciones y la facilidad de acceder a diversas fuentes de la web.

El programa por el que esta creado el asiste personal debe de ser capaz de reconocer el lenguaje de forma básica e incluso capaz de entablar una conversación.

Es una inteligencia artificial que ayuda al ser humano y es una combinación de algoritmos, con unos de los propósitos de crear una inteligencia artificial y que tenga las mismas cualidades del ser humano. Esta disciplina nació en 1956 tras muchos años de estudio después de eso fueron modificando para poder crear máquinas para la ayuda del ser humano por ejemplo la llagada de teléfonos celulares que ayudaban a comunicarse entre personas que estaban muy alejadas unas de otras. El objetivo de dicha inteligencia es crear maquinas con un comportamiento igual que el de un humano.

Esta disciplina nació oficialmente en 1956 tras varios años de estudio y se puede definir de diferentes formas en función del enfoque que se quiera dar. Un enfoque moderno distingue entre aquellos aspectos de la ciencia que se basan en procesos mentales y aquellos que están conectados con argumentos para producir comportamiento. (Russel, &. Norvig.1996)

Algunas de las personas no quieren sacar más adelante la inteligencia artificial ya que pueden perder el control y las timar personas como también destruir cosas, quieren tener la inteligencia artificial pero no quieren que salga al mundo exterior pero también si seda se tendría que renunciar a los robots, pero la gente no está muy segura de esto se tendría que solucionar de algún otra forma porque algunas personas quieren a os robots y algunas otras personas no.

Proponen encerrar las máquinas en una suerte de cortafuegos y extraer de ellas trabajo útil tipo pregunta-respuesta, pero sin permitirles jamás intervenir en el mundo real. (¡Por supuesto que, esto implica renunciar a los robots súper inteligentes!) (Bostrom, 2016)

Actualmente las tecnologías son herramienta fundamental en la mayoría de las actividades cotidianas de los seres humanos, y en el proceso educativo no será excepción. Autores afirman que es indispensable involucrar un proceso educativo con tecnología.

"Se refiere a la renovación del proceso educativo y a la aplicación de un sentido tecnológico al proceso didáctico que incluyen: diseños de estrategias, utilización de medios y control del sistema transmisor entre profesores y alumnos" (Briseño, 2016)

En los 50 años de vida de disciplina de la vida se han buscado distintas definiciones de inteligencia incluida el comportamiento humano y la capacidad del razonamiento lógico, sin embargo, ha surgido un consenso en torno a la idea de un agente racional que percibe y actúa para alcanzar objetivos al máximo.

Este problema exige cambiar la definición misma de IA que debe dejar de ser un campo que se ocupa de la inteligencia pura, supongo que también podría diseñar sistemas de IA para otras especies

En los últimos años debido al aprendizaje la conducción autónoma se ha resuelto en gran medida. En la próxima década es probable que asistamos a progresos sustanciales en con prensión del lenguaje a lo que conducirá a sistemas capaces de ingerir preguntas sobre la suma total del conocimiento humano, a pesar de estos avances seguimos lejos de la IA a nivel humano. Sin duda son necesarios más avances que no sabremos describir hasta que nuestras fuerzas para construir sistemas IA polivalentes fracasen de manera interesante, sin embargo, la mayoría de expertos cree que es probable que ocurra en el presente siglo. (Muller & Bostrom 2016 p.2)

Las bibliotecas públicas ya no están dedicadas exclusivamente a la búsqueda de información, muchas veces las personas solo van a jugar en vez de agarrar un libro, estas unidades de información fueron hechas para que los usuarios asistan a talleres, círculos de lectura, estudiar, conferencias, entre otras actividades, con todas estas actividades sin darnos cuenta las bibliotecas contribuyen a nuestro desarrollo educativo y cultural, estas unidades poseen el recursos claves, como por ejemplo: la información, los libros, la lectura y en general ya que el conocimiento que puede generarse a partir de estos.

> *Lo que creo que puede evitar la discriminación de cualquier tipo es justamente el conocimiento, me parece que la discriminación procede no tanto del odio, del rencor, de la actitud supremacista, cuanto de la ignorancia y creo que la única manera de acabar con la ignorancia es precisamente la lectura, el hecho de que podamos leer un libro, nos permite, nos da la posibilidad de conocer otros puntos de vista, de entender otros puntos de vista, de viajar por otras latitudes, por otros tiempos y de conocer, finalmente que, en última instancia, los problemas de un ser humano en particular son los problemas de todo el género humano y eso nos da apertura, nos da la posibilidad de la comprensión del otro y evidentemente lo menos que propicia el conocimiento es la discriminación porque el conocimiento siempre es incluyente, la ignorancia. (Escutia, 2019, p. 28)*

Un chatbots es un programa informático, con él es posible mantener conversaciones, como pedirle información o que lleve a cabo una acción. Actualmente están generando mucho interés, de esta forma obtenemos resultados precisos en el entendimiento del lenguaje humano por parte de las máquinas, estos avances generan intriga en diversas empresas u organizaciones interesadas en entrar en el mercado de los chatbots.

> *Un chatbots es un programa informático capaz de comunicarse con una persona a través de un chat mediante el uso de lenguaje natural. Aunque los chatbots llevan existiendo casi desde los inicios de la computación, actualmente están generando mucho interés. (Jiménez, 2019, p. 17)*

Conforme al desarrollo de la tecnología las bibliotecas públicas han ido evolucionando, anteriormente solíamos ir a las bibliotecas y tomar un libro ya fuera porque nos lo pedían en la escuela o solo para pasar el rato, ahora tenemos bibliotecas virtuales las cuales nos facilitan más el tener al alcance un libro de forma gratuita o no.

Por la gran popularidad que tienen los dispositivos móviles las bibliotecas están aprovechando para poder desarrollar sus servicios y contenidos de varias maneras, los dispositivos móviles son el principal medio que tenemos para llegar a obtener información y tener acceso a contenidos y servicios. La biblioteca en el móvil (m-library), combina el dispositivo móvil y una biblioteca, esto para facilitarnos lo siguiente:

- Tener acceso a información, por ejemplo, revistas electrónicas, libros electrónicos, preguntas frecuentes que tengamos.
- Realidad aumentada para potenciar la información de los recursos.
- Mensajería instantánea para la comunicación del usuario para recibir consultas de la biblioteca.
- Acceder a libros por medio de códigos QR vinculados a los recursos electrónicos de la biblioteca

La tecnología estuvo siempre presente en la actividad humana, incluso mucho antes que la ciencia. Actualmente, la web social y los dispositivos móviles han generado un impacto en las relaciones y actividades de las personas. La información la encuentras en el bolsillo, tu teléfono inteligente tiene acceso a una inmunidad de información que se produce a cada momento. La característica de poder tener el teléfono en cualquier lugar y con conexión inalámbrica se denomina movilidad, ahora la información es inmediata y accesible. (Quispe, 2019, p.7)

Tipos de inteligencia artificial, los expertos en informática Stuart Russell y Peter Norvig diferencian entre diferentes tipos de inteligencia artificial:

Sistemas que piensan como humanos: automatizan actividades como la toma de decisiones, la resolución de problemas y el aprendizaje. Un ejemplo son las redes neuronales artificiales. Sistemas que actúan como humanos: son computadoras que realizan tareas de manera similar a los humanos. Este es el caso de los robots.

Sistemas que piensan racionalmente: Intentan imitar el pensamiento lógico racional de los humanos, es decir, investigan cómo se pueden percibir, justificar y actuar en consecuencia las máquinas.

Los sistemas expertos se incluyen en este grupo. Sistemas que actúan racionalmente: Idealmente, son aquellos que intentan imitar racionalmente el comportamiento humano, como los agentes inteligentes.

Hace tiempo abandonó el espectro de la ciencia ficción para colarse en nuestras vidas y, aunque todavía en una fase muy inicial, está llamada a protagonizar una revolución equiparable a la que generó Internet. (Newsletter, 2016, p. 11)

Los asistentes virtuales como Siri o Google Assistant ya están completamente implementados en la mayoría de nuestros dispositivos. Esto significa que prácticamente todos contamos con la ayuda de un software que, a través del lenguaje, puede ayudarnos en muchas situaciones de la vida cotidiana. En principio, esto es realmente positivo, aunque tiene un lado oscuro que la gran mayoría de personas prefiere dejar de lado. Intimidad. O más bien la falta de privacidad.

Para que algo o alguien le ayude a hacer algo, necesita información. No diferenciamos entre personas y máquinas. Y, por supuesto, cuanta más información recopile, más podrá ayudarnos. Si tenemos en cuenta que entre sus funciones se encuentran asistentes personales como Siri, Google Assistant o Cortana para ayudarnos con las tareas personales, debemos entender que necesitamos darles suficiente información para que pueda hacer su trabajo lo mejor posible.

> *La llegada de estos asistentes virtuales fue tan impactante como la llegada de motores de búsqueda en Internet como Google. Y es precisamente por esta impresión, por esta novedad, que no reconocemos toda la información que tenemos que aportar para que funcione correctamente. Por ejemplo, el asistente virtual de Google puede leer nuestros correos electrónicos para programar reuniones. También puedes decirnos cuándo sale nuestro vuelo porque también sabe cuál tomamos y, sobre todo, pertenece a una empresa que, gracias a su buscador, sabe absolutamente todo lo que nos interesa. Dimos todo sin siquiera darnos cuenta. (Torroba, 2016, p.19)*

Los avances en el procesamiento del lenguaje natural, las interfaces conversacionales, la automatización y el aprendizaje automático y los procesos de aprendizaje profundo en los últimos años han permitido que los asistentes virtuales se vuelvan cada vez más inteligentes y útiles.

Veamos las principales tendencias, especialmente en el ámbito doméstico.

Estas aplicaciones, que son proporcionadas por grandes empresas tecnológicas como Apple, Google o Amazon, se ofrecen al usuario como un asistente que actúa como intermediario entre el consumidor y una empresa y sus servicios. La interacción entre los dos puede ser a través de un dispositivo móvil, un sitio web, una aplicación, un asistente doméstico o dispositivos portátiles.

> *Proveen grandes compañías tecnológicas como Apple, Google o Amazon, se ofrecen al usuario como un asistente que actúa como intermediario entre el consumidor y una empresa y sus servicios. La interacción entre uno y otro puede realizarse a través de un dispositivo móvil, una web, una aplicación, asistentes en el hogar o wearables.* (Statista, Socratic Technologies, MindMeld y Tractica, 2018, p.14)

Internet, Google, libros electrónicos, redes sociales, derechos de autor, crisis económica, dispositivos móviles, profecías mayas. Amenazas y oportunidades que han puesto en primer plano el futuro debate bibliotecario en los últimos años. Y si hay algo que nos gusta del mundo de las bibliotecas es el futuro. En este sentido, 2012 fue un año productivo ya que hay muchos informes publicados y reuniones relacionadas con el futuro bibliotecario. Uno de estos encuentros se celebró recientemente en la ciudad murciana de Jumilla, titulado Bibliotecas 2029, que ofrecía una visión amplia de los caminos a seguir y los roles que jugarían las bibliotecas a lo largo de la década.

De forma casi simultánea al evento de Jumilla, aterrizaba en España de forma oficial uno de los avances tecnológicos que más dará que hablar en los próximos años: Siri, el asistente personal inteligente de Apple. (García, 2012, p.20)

Hasta este momento, sería solo una parte más de la lista de avances tecnológicos que las bibliotecas han logrado a lo largo del tiempo. Sin embargo, futuras aplicaciones con IA pueden ayudar a los investigadores con consejos bibliográficos para un estado de la técnica utilizando varios algoritmos que consultan las bases de datos, extraen los artículos más relevantes y los ponen a disposición del usuario para la investigación. Aquí es donde el bibliotecario debe estar preparado con sus conocimientos y experiencia para ayudar a los estudiantes y profesores a fortalecer sus habilidades de investigación y estar a la vanguardia de las nuevas necesidades.

Desde hace algunos años, la herramienta de mensajería instantánea WhatsApp tomó el liderato en su segmento y se calcula que más de 2000 millones de personas en el mundo usan la aplicación. Dentro de este gran universo también se encuentran las Bibliotecas académicas que usan este medio para comunicarse con sus usuarios y resolver distintas necesidades de información que estos puedan tener. (Vargas, 2020, p.4)

En la presentación Gestionar el cambio en las bibliotecas electrónicas, el foco está en la llamada biblioteca híbrida, que surge de la necesidad de poder manejar libros y revistas convencionales por un lado y recursos electrónicos por otro.

Las bibliotecas digitales se enfrentan cada vez más a un entorno distribuido en el que los usuarios necesitan un acceso transparente a recursos distribuidos y heterogéneos.

Dicho sistema extraería una variedad de referencias relevantes, las incorporaría en anotaciones adaptativas, probaría duplicados y las jerarquizaría de manera efectiva.

La investigación sugiere que, por alguna razón, los usuarios prefieren buscar en subconjuntos discretos en lugar de una única fuente incorporada. Por otro lado, no sabemos quién es el usuario; Deben estar debidamente validados por otra organización. El primer nivel es la autenticación, hay un segundo proceso de autorización.

> *El desarrollo tecnológico ha traído consigo una revolución en el trabajo de las bibliotecas, desarrollándose las bibliotecas electrónicas, digitales y virtuales. En la actualidad hay disímiles consideraciones al respecto. En el trabajo se muestran algunas de estas por medio del estudio de trabajos de diferentes autores. (Sánchez, 2002, p. 3)*

Durante años, el sector celular se ha marcado el objetivo de hacernos la vida más fácil. Poco a poco se han ido realizando mejoras y actualizaciones a nuestros terminales, convirtiéndolos en smartphones, es decir, smartphones.

- **Siri:** Siri es probablemente el asistente virtual más famoso. Inicialmente se desarrolló como una aplicación independiente, pero su ascenso a la fama provino de Apple cuando el gigante tecnológico lo incorporó integralmente a su iPhone 4S en 2011
- **Cortana:** Cortana es el asistente virtual de Microsoft. Está indisolublemente vinculado a Windows 10 y también está disponible como aplicación independiente en los sistemas iOS, Android y Xbox. Además, los grupos de vehículos Nissan y BMW anunciaron recientemente que los agregarán a sus nuevas generaciones de vehículos.
- **Google Now:** Google Now es el asistente inteligente de Google. Es diferente de Siri y Cortana porque está disponible en la aplicación de búsqueda de Google en Android. Sin embargo, también hay una aplicación para iOS a la que se puede acceder a través de Google Chrome.

Los expertos coinciden en que, aunque el desarrollo tecnológico empezó mucho antes, la inteligencia real llegó a nuestros teléfonos con la inclusión de los primeros asistentes virtuales, esas aplicaciones que suelen tener voces femeninas como Siri o Cortana que nos ayudan a realizar diversas tareas. Llame a sus contactos, mensajes de texto o correos electrónicos, configure alarmas, busque sitios web, encuentre respuestas a preguntas, organice su calendario, conozca sus gustos. (Herrera, 2017, p.1)

Cuando vamos a Wikipedia aprendemos que un asistente virtual es un tipo de agente software que nos ofrece servicios y nos ayuda a automatizar y realizar tareas, posiblemente con una voz sintética exitosa. Estos servicios que nos ofrece se basan en los datos que le brindamos sobre nosotros, la divulgación de nuestra ubicación y su aplicación para que pueda acceder a información en línea en la que residen casi todas sus fortalezas y habilidades. La combinación tecnológica que habilita los asistentes virtuales es una combinación del boom actual de los dispositivos móviles, las interfaces de programación y la aparición de las aplicaciones móviles.

Como casi todo lo pragmático del mundo, este tipo de magia se creó con fines militares, pero gracias al poder del marketing y la perseverancia de las corporaciones, ya se está infiltrando en nuestros hogares.

Actualmente, los asistentes virtuales no se pueden configurar solo con la voz del usuario. También podemos interactuar con ellos por escrito o mediante imágenes. Lo que nos abre un mundo de posibilidades. (Pardo, 2020, p.5)

Con la llegada de la tecnología, los trabajos remotos se están volviendo más comunes. Esto implica una subcontratación que anteriormente siempre se hacía en la empresa. Las empresas tienen básicamente dos opciones para ello, de las que resultan las dos definiciones del asistente virtual: por un lado, los asistentes humanos que trabajan de forma virtual, es decir, gracias a las tecnologías con las que pueden conectarse en cualquier parte del mundo y, por otro lado, los asistentes de carácter virtual, es decir, robots dedicados a realizar tareas de asistencia.

Es una persona organizada y eficiente que se encarga de realizar tareas de tipo administrativas de la empresa, esta resuelve problemas operativos y reporta a los mandos intermedios asi como también a los directivos. Pueden tener tareas muy diferentes, desde administrar una cafetería hasta cuidar a clientes millonarios.

Esto implica una subcontratación, que hasta ahora siempre se ha realizado en la empresa. Las empresas tienen básicamente dos opciones para ello, de las que surgen las dos definiciones de asistente virtual: por un lado, asistentes humanos que trabajan de forma virtual, es decir, gracias a las tecnologías con las que pueden conectarse en cualquier parte del mundo, y por otro lado, asistentes virtuales, es decir, robots, están destinados a la ejecución de tareas de soporte. (Imbert, 2019, p.16)

Estos asistentes muchas veces se olvidan del resto de aplicaciones que usamos en nuestros terminales, pero ahora existe una solución que permite integrar el reconocimiento de voz en prácticamente cualquier aplicación: es Api.ai y es de los desarrolladores de Speaktoit, un asistente virtual. para Android.

Los fundadores de esta empresa han intentado durante mucho tiempo anticipar el futuro y preparar sus soluciones para esta hipotética ola de soluciones que traerá el Internet de las cosas. El reconocimiento de voz podría ser una parte integral de este mundo particularmente conectado, y Api.ai se enfoca en dar un primer paso para integrar esta capacidad más fácilmente.

Los asistentes de voz han sido una de las tendencias claras en los sistemas operativos últimamente, cada uno ha incrementado su apuesta con soluciones que han intentado dar más ayuda al usuario en el día a día con dispositivos móviles. (Pastor, 2014, p.2)

Sherpa Next es ese asistente que nos ayuda a ahorrar tiempo ya que ha desarrollado potentes algoritmos para predecir la información que necesitará el usuario. Sherpa gestiona las interacciones, la ubicación y otras entradas del usuario con privacidad.

Speaktoit es el asistente virtual para dispositivos Android. Espera tus pedidos, responde tus preguntas, realiza tareas, te avisa de eventos importantes y te facilita la vida diaria. Speaktoit utiliza tecnología de lenguaje natural para responder preguntas, buscar información, iniciar aplicaciones y conectarse a varios servicios web.

viClone este asistente no es exactamente para ti, es para tus clientes. Entonces sería como un agente virtual para su empresa. Es un programa que funciona en todos los dispositivos. Cuando alguien visita su sitio web, es casi natural que esté listo para responder cualquier pregunta comercial. Simplemente ingrese una pregunta en su cuadro de chat y el programa responderá.

Siri la reina de los asistentes virtuales. Aunque es el más famoso, quizás existan muchos trucos que no conocías sobre este servicio desde dispositivos iOS como: Por ejemplo, puede planificar sus citas, buscar información en Internet, organizar la información en su teléfono y responder a sus preguntas sobre la hora. Clima, ubicación, entre otros.

> *En estos casos, la tecnología da una mano a las aplicaciones y servicios que, si bien no reemplaza a un verdadero asistente personal, al menos hace la vida más fácil y efectiva (y aún más divertida). Gracias por vivir en una época en la que la inteligencia artificial ya existe. (Español, 2016, p.7)*

Millar dijo que uno de los últimos avances tecnológicos que está revolucionando el mercado es el asistente de voz para el hogar. Son muchos los modelos que se han lanzado en los últimos meses. Hoy en día existen todo tipo de asistentes de voz en español para que puedas elegir entre una amplia variedad de modelos en función de tus necesidades. Conoce todas las ventajas y desventajas de este tipo de dispositivo. (Millar, 2019)

Ventajas: Herramienta útil. Siri tiene sin duda el lanzamiento de medios más grande en asistentes virtuales. Los usuarios quedaron satisfechos con su ayuda para configurar recordatorios, alarmas y brindar información sobre el clima. Además, serán redirigidos directamente a Google para obtener respuestas de búsqueda. Las noticias de los partidos de fútbol también están disponibles si las solicitas solo a través de indicaciones de voz.

Ayuda en casa. Cuando llegue a casa cansado o tenga soluciones que resolver, agradecerá la ayuda y más cuando pueda controlar las tareas con su propia voz. Es por eso que millones de personas se han animado a comprar estos dispositivos y han notado lo cómoda que es la vida cotidiana. Pasas menos tiempo frente a la pantalla para usarla en otras cosas. Tienen acompañamiento en la contratación de servicios y esperan menos al llamar a las líneas de atención al cliente.

Desventajas: No se ha verificado la seguridad. La desventaja más preocupante de los asistentes virtuales es que los piratas informáticos pueden usar trucos para grabar todos los sonidos y datos personales. La información recopilada se utiliza luego para cometer delitos. Al obtener información confidencial de empresas o personas, los ciberdelincuentes también podrían exigir un rescate por ellos. Esta desventaja impide la compra del dispositivo, o, si ya lo tienes, no por miedo a las consecuencias que muchos comentan. Prefieren sacarlos de las casas y advierten que se debe tener precaución ya que la seguridad es lo primero.

Privacidad comprometida. La casa conectada a los dispositivos parece muy cercana. Sin embargo, hay que tener en cuenta que estaríamos ante funciones sensibles. Incluye amigos cercanos y familiares, conversaciones e incluso debilidades en el hogar.

Los asistentes virtuales se están abriendo camino para expandir los canales a través de los cuales pueden acceder a los servicios corporativos. Los usuarios se motivaron a conocer más sobre ellos gracias al éxito de los primeros modelos personales como Siri. (Reins, 2019, p. 11)

Izaguirre dice que la asistencia virtual es una opción de negocio rentable, sostenible y escalable que le permite trabajar a distancia de forma autónoma desde su casa o desde cualquier parte del mundo.

Sin embargo, no todo en la vida es color de rosa. Cada profesión o profesión tiene sus ventajas y desventajas. Por esta razón, es útil evaluar los pros y los contras de este nuevo método de lanzamiento antes de decidir si esta es la opción adecuada para usted. (Izaguirre, 2016)

1. **Eficiencia:** Aplicada a los asistentes virtuales, la semántica permite el análisis sintáctico, morfológico y semántico de cualquier consulta y la interpretación de cada instrucción y término ingresado por el usuario, brindando así información más precisa que un buscador convencional.

2. **Mejora la satisfacción del cliente en línea:** la configuración semántica es lingüísticamente fuerte y tiene forma de avatares humanos. Aumenta la capacidad de emular una conversación y, por lo tanto, aumenta la satisfacción general del cliente.

3. **Optimización de costes:** gracias a los avances tecnológicos en la mejora de la funcionalidad, los canales corporativos online ahora se pueden gestionar desde un único punto. De esta manera, estas aplicaciones reducen la cantidad de llamadas entrantes y correos electrónicos, acortan los tiempos de respuesta de los clientes y optimizan los costos de atención al cliente.

4. **Aprendizaje automático continuado:** el aprendizaje progresivo a partir de la experiencia y fruto de las interacciones con los usuarios es una de las grandes fortalezas de los asistentes virtuales semánticos, que pueden incrementar con el tiempo su catálogo de respuestas.

5. **Aprendizaje automático continuo:** el aprendizaje progresivo a partir de la experiencia y los frutos de la interacción del usuario es una de las grandes fortalezas de los asistentes virtuales semánticos que pueden ampliar su catálogo de respuestas a lo largo del tiempo.

Los buscadores tradicionales implantados en los sitios web corporativos han mostrado sus limitaciones a la hora de proporcionar la información solicitada por el usuario de forma precisa y rápida. Al mismo tiempo, la posibilidad de una interacción natural con el cliente a través de Internet para ofrecer un servicio cercano y eficiente se ha convertido en una gran diferencia en las relaciones comerciales. (Guilarte, 2012, p.2)

En los últimos meses, los usuarios siempre se han preguntado qué asistente es mejor. Al principio, Google parece ser el que ha dado mejores pasos en esta área, seguido de Amazon con Alexa y Microsoft con Cortana, quedando Siri en último lugar. Sin embargo, no debemos olvidar que hace unos meses Apple contrató al líder de inteligencia artificial de Google para convertir a Siri en uno de los mejores asistentes inteligentes que existen.

La inteligencia artificial se ha convertido en la tecnología líder de 2018. Los vemos en casi todos los productos, especialmente en los smartphones con los famosos asistentes virtuales, que este año también están llegando a más mercados a través de altavoces inteligentes como Google Home, Amazon Echo, HomePod o en ordenadores con Windows en el caso de Cortana.

La inteligencia artificial se ha convertido en la tecnología líder de 2018. Los vemos en casi todos los productos, especialmente en los smartphones con los famosos asistentes virtuales, este año también están llegando más mercados a través de altavoces inteligentes. (Unocero 2018, p. 3)

González Izan nos dice que la relación entre el hombre y la máquina ha sido objeto de estudios durante muchos años. La tecnología se ha apoderado de cada rincón de nuestras vidas y, a menudo, pasamos más tiempo interactuando con la tecnología que con la carne y la sangre humanas.

Con el advenimiento y la democratización de los asistentes domésticos virtuales a través de computadoras, teléfonos inteligentes, parlantes inteligentes y prácticamente todos los dispositivos conectados en la actualidad; La interacción se elevó al máximo exponente en todos los ámbitos de la vida. (González, 2019)

Es un emprendedor que trabaja de forma remota de forma estructurada y organizada. Propiedades:

➢ **Soporte legal:** registrar una empresa o formalizar la prestación del servicio como persona natural de acuerdo con las leyes de su país.
➢ **Área de trabajo:** Cuenta con un área con los requerimientos operativos del servicio que brinda. Como mínimo: escritorio, silla ergonómica, PC o portátil, impresora multifunción y teléfono independiente.
➢ **Marca personal:** conviértete en emprendedor como marca personal y promociona tus servicios online a través de un sitio web.
➢ **Industria global:** es parte de una industria global organizada con crecimiento constante.

Asistente virtual. es un agente de software que ayuda a los usuarios de sistemas informáticos a automatizar y realizar tareas con una mínima interacción hombre-máquina. Es un profesional independiente que normalmente realiza sus servicios desde su casa u oficina. Este tipo de servicios suelen cubrir tareas a nivel administrativo, creativo o técnico. La interacción entre un asistente virtual y una persona tiene que ser natural. (EcuRed, 2018, p.5)

- **La honestidad** es importante, y no se trata de valores en general, sino de ser honestos con nosotros mismos. Si no puedes ser honesto y aceptar, por ejemplo, si no sabes cómo hacer algo o si necesitas pedir ayuda, te meterás en problemas porque como asistente virtual necesitas saber cómo hacer muchos tipos diferentes de tareas. Pero también saber cómo delegarlos o cómo hacerlos correctamente.

- **Manejo de tiempo** en este punto, no solo queremos decir que debe ser una persona organizada y administrar tanto su calendario como el de su cliente. Además, si no controlas este punto directamente, te olvidas de ser asistente virtual. De lo contrario, tendrá que administrar su tiempo para completar cada tarea.

- **Dar lo mejor de ti** el trabajo duro es la clave del éxito, ya sea que trabaje en línea o sin conexión. Si trabaja duro, también será reconocido. No tenga miedo de hacer lo mejor que pueda, incluso si lo contrataron originalmente por menos dinero de lo esperado.

- **Trabajo inteligente** trabajar de forma inteligente es lógicamente más importante que "trabajar duro", pero sin objetivos claros. Si eres un teletrabajador inteligente, tendrás mucho más éxito que alguien que simplemente trabaja duro.

- **Siempre hacer sugerencias** como asistente virtual, debes hacer sugerencias productivas, entre otras cosas. Por ejemplo, si descubre que pierde una hora completa eliminando correos electrónicos no deseados o de boletines informativos del correo electrónico de su cliente, una buena sugerencia es sugerir una herramienta que lo ayudará a seguir recibiendo esos correos electrónicos todo el tiempo. Puede finalizar correos.

- **Habilidades de comunicación** otra característica importante de un buen asistente virtual es una comunicación clara y correcta. Si sus habilidades de comunicación no son buenas, intente mejorarlas.

- **Actitud positiva** "Usted puede" debe ser una oración escrita en la frente de cada asistente virtual. Debe asumir la responsabilidad de su trabajo y tratar el negocio de su cliente como si fuera su propio negocio.

- **Proactividad** siempre hay algo nuevo bajo el sol. Cada asistente virtual debe ser extremadamente proactivo para que nunca se quede sin trabajos.
- **Ganas de aprender** inquisitivo el deseo y la capacidad de aprender deben ser un fuego interior en cada asistente virtual. Nunca les diga a sus clientes: "No, no sé cómo hacerlo". Descubra cómo hacerlo, pregúnteles si pueden enseñarle cómo hacer la tarea, investigue y aprenda.
- **Paciencia** la paciencia es fundamental para los asistentes virtuales. Un asistente virtual debe poder tolerar las críticas y ver positivamente.

> *Ser asistente virtual es un desafío, pero el teletrabajo es muy agradable y, por supuesto, está bien remunerado. Sus clientes pueden ser exigentes a veces, pero recuerde siempre esto: no siempre puede adaptarse a todos, así que todo lo que tiene que hacer es hacer lo mejor que pueda. (Suporte, 2015, p.5)*

Es un asistente virtual desarrollado por inteligencia artificial y está disponible principalmente para dispositivos móviles y domésticos.

Una de las principales características de esta herramienta es que tiene el potencial de desarrollar conversaciones bidireccionales, lo que garantiza una interacción mucho más real y efectiva.

Por esta característica, este asistente corresponde a las tendencias en marketing y comercialización digital, las cuales tienen como objetivo acercarse cada vez más al cliente, solucionar sus problemas y evitar todos los roces que pudieran motivarlo a cambiar de marca. Para hablar de su debut tenemos que remontarnos a mayo de 2016. En ese momento, era parte de la aplicación de mensajería de Google Allo y su altavoz habilitado para Google Home.

> *El Asistente de Google es uno de los muchos éxitos que ha logrado la marca estadounidense en los últimos años. El Asistente de Google es un recurso tecnológico que le permite buscar en Google por voz, encontrar información en la web y realizar acciones en sus dispositivos móviles. (Milich, 2019, p.1)*

Al principio, el Asistente de Google era una extensión de Google Now, que fue diseñado personalmente y extendió los controles de voz de Google existentes "OK Google". Originalmente, Google Now sacó hábilmente la información relevante para usted. Sabía dónde trabajaba, sus reuniones y planes de viaje, los equipos deportivos que le gustaban y lo que le interesaba para poder presentar la información que era importante para él.

Google mató a Google Now hace mucho tiempo, pero el asistente vive en la misma habitación y combina esos elementos personalizados con una variedad de controles de voz. El Asistente de Google admite la entrada de texto o voz y rastrea la conversación independientemente del método de entrada utilizado. El Asistente de Google en los dispositivos Google Home constituye la base del control inteligente del hogar.

El Asistente de Google lo conoce y comprende el contexto, responderá de manera informada o inteligente. Esto es importante ya que le da mucho más poder al control por voz y evita que solo responda a ciertas frases o comandos. (Tillman, 2020, p.5)

La demanda de estos asistentes está creciendo y cada vez más trabajadores independientes se están dando cuenta del valor de subcontratar sus necesidades técnicas, creativas y administrativas. Si estás del otro lado, esta es una carrera que promete desafíos diarios, variedad y la libertad de ser tu propio jefe.

Ya sea que esté pensando en comenzar su propio negocio convirtiéndose en asistente virtual o si es el gerente de una empresa y necesita una persona para cubrir múltiples áreas, ambas son excelentes opciones ya que son una sola. Servicio solicitado.

La gran mayoría de estos asistentes virtuales trabajan desde casa, aunque hay otros que viajan con frecuencia y en ocasiones incluso trabajan en las oficinas de sus clientes.

El asistente virtual te ofrece un amplio y variado abanico de servicios de apoyo administrativo a través de Internet, para una gran variedad de clientes y, como dije, desde una casa u oficina totalmente equipada.

En definitiva, la persona que desempeña el rol de asistente virtual está destinada a dar soporte a empresas y organizaciones a través de Internet. Conozco algunas empresas que utilizan estos asistentes. Para ellos es una gran oportunidad trabajar desde casa, y para ti como autónomo puede ser útil delegar muchas tareas a otras tareas de tu empresa. (Rodríguez, 2014, p.3)

Las bibliotecas virtuales son plataformas que brindan contenido, así como servicios bibliográficos y documentales. Estas plataformas responden a la gran demanda de información de estudiantes, profesionales o personas en general.

Una característica especial es que en algunas bibliotecas virtuales se muestran diferentes tipos de contenido según el área de información. Muchos de ellos proporcionan herramientas y recursos dinámicos a los que el usuario puede acceder fácilmente. (Gómez, 2019)

Es importante tener en cuenta que en el concepto de biblioteca virtual existe el efecto de integrar ordenadores y comunicaciones, cuyo principal exponente es Internet. No se trata solo de que el contenido esté en formato digital, que es lo que prima en el concepto de biblioteca digital. El contenido digital es una parte necesaria pero no suficiente. Para hablar de biblioteca virtual es necesario que las fuentes de información estén disponibles de alguna manera y que su acceso sea omnipresente, es decir, no importa dónde se encuentren físicamente o quién fue específicamente responsable de su procesamiento y almacenamiento. Prevalece el concepto de biblioteca como espacio y como proceso, por lo que refleja el dinamismo de internet. Lo virtual tiene que ver con el propósito y la flexibilidad del sistema de medios.

Actualmente es una de las herramientas de investigación más utilizadas, ya que permite al usuario de Internet pasar de un esquema general a una definición cuidadosa de muchos temas. La implementación de servicios de biblioteca virtual ha sido una alternativa exitosa a algunas escuelas que no tienen una biblioteca convencional.

La biblioteca virtual se denomina biblioteca cuya base de datos está en Internet. Se puede acceder a estos datos a través de la red. (Diario, 2008, p.4)

Una biblioteca virtual es una colección más o menos organizada de objetos digitales que sirve a una comunidad de usuarios definida, cuyos derechos de autor existen y son administrados y cuyos mecanismos de almacenamiento y retención están establecidos. Una definición más detallada en la bibliografía especializada establece que "la biblioteca digital es un sistema de manejo técnico, acceso y transmisión de información digital, estructurado por un acervo de documentos digitales sobre los que se ofrecen al usuario servicios interactivos de valor agregado".

La biblioteca digital es un centro de información de nueva generación y se basa en nuevas tecnologías. Las diferencias son evidentes en el sentido de que el sitio anterior se basaba en procesos mecánicos y este nuevo utiliza procesos ya automatizados y, lo más importante, se puede acceder a todas las fuentes de documentación de forma remota a través de Internet. Otra diferencia importante es que se puede acceder a esta instalación de computación digital en cualquier momento los 365 días del año. También cumple con las normas ISO y las leyes de derechos de autor, patentes y marcas registradas.

> *Se refiere a los recursos informáticos documentales a los que se accede a través de varios dispositivos de comunicación que utilizan los servicios de Internet. El concepto de biblioteca digital implica la integración de la tecnología de la información y la comunicación. La información ofrecida suele estar disponible en formatos PDF, Doc, JPG, BMP o MP3, entre otros. (Avendaño, 2020, p.1)*

¿Qué es una biblioteca digital? La biblioteca digital o virtual es una red de herramientas tecnológicas, contenidos y servicios que se pueden ubicar en diferentes latitudes del mundo. ¿Qué es y qué sugiere en el libro La Biblioteca Virtual? En la década de los noventa se presenta todo un panorama del desarrollo de la biblioteca virtual.

Esta biblioteca almacena las siguientes características:

- Toda su información es de origen digital.
- Tiene una conexión de red.
- Dispone de catálogos públicos online.
- Permite el acceso remoto a los recursos de información de otras bibliotecas o repositorios.
- Ofrece acceso universal a documentos digitales.

Este último ha recibido el mayor impulso, quizás porque la naturaleza del tema sugiere que se pueden lograr mejores avances mediante la creación de bibliotecas digitales. Sin embargo, la experiencia en algunos proyectos ha demostrado que se requiere un estudio previo y una relación entre la parte teórica y práctica. (Torres, 2018, p.2)

El sitio web de la biblioteca es la puerta de entrada a la biblioteca en Internet. Si bien existen varias formas de listados en línea, redes sociales o incluso el catálogo de la biblioteca, todas ellas deben canalizarse hacia lo que se puede considerar el campo base de la biblioteca en línea: su sitio web.

El sitio web de la biblioteca es donde se reciben los visitantes en línea, sean o no usuarios de la biblioteca. Debido a esto, la biblioteca no solo debe proporcionar información precisa y relevante, sino también tener en cuenta la seguridad de los visitantes, su diseño, accesibilidad, información de contacto y otras características únicas. (Marquina, 2019)

La colaboración entre bibliotecas es más que necesaria, es importante. El objetivo debería ser crear una red de información digital. Sin embargo, esto requiere estrategia y apoyo activo de los gobiernos. Se necesitan legislación y financiación. El objetivo a largo plazo, según el manifiesto, es "cerrar la brecha y fortalecer el desarrollo de la educación, la alfabetización y la cultura, pero sobre todo posibilitar el acceso a la información".

1. Promover la digitalización, el acceso y la preservación del patrimonio cultural y científico.
2. Proporcionar a todos los usuarios acceso a los recursos de información recopilados por las bibliotecas de acuerdo con los derechos de propiedad intelectual.
3. Construir sistemas de bibliotecas digitales interoperables para promover estándares abiertos y acceso gratuito.
4. Promover el papel esencial de las bibliotecas y los servicios de información en la promoción de estándares comunes y mejores prácticas.
5. Sensibilizar sobre la urgente necesidad de garantizar el acceso permanente al material digital.

6. Vincular bibliotecas digitales a redes rápidas de investigación y desarrollo.

7. Aproveche la creciente convergencia de los roles de los medios y las instituciones para crear y distribuir contenido digital.

Las bibliotecas digitales son la puerta de entrada al patrimonio cultural y científico. Están tratando de llenar la brecha de información accediendo y distribuyendo contenido digital, aunque esto primero tendrá que llenar la brecha digital existente. (Baratz, 2017, p.6)

El bibliotecario es un profesional de la información responsable y capaz de procesar, filtrar, buscar, gestionar y distribuir un servicio y herramientas a quien lo necesite, con el fin de brindarnos una fuente inagotable de conocimiento y conocimiento. Hacer disponible. Ser ayudante de biblioteca es sin duda una profesión de futuro que va ligada a la capacidad de conocer, trabajar en equipo, tener una base cultural general, adaptarse y formarse cada día.

Si es organizado, metódico y le gusta investigar, esta es la descripción de su trabajo donde desarrollará sus habilidades y habilidades de comunicación y actuará como un facilitador para los buscadores de información.

El bibliotecario se encarga de gestionar la información, profesión en la que multitud de roles y deberes se hacen diferentes cada día.

Actualmente vivimos en una era de la sociedad del conocimiento donde el mundo de la información es tan vasto que es abrumador entre el lanzamiento de publicaciones y la diversidad del mundo de Internet donde el universo es tal que no sabemos de qué fuentes dependemos. relacionarnos y necesitamos saber exactamente si la información que encontramos es de alguna manera válida y veraz. Por ello, el perfil de un profesional como el bibliotecario es fundamental para la realización de este empeño. (Carcelero, 2019, p.3)

Por el momento, el acceso a los sistemas de información debe ser sencillo, rápido e intuitivo. Numerosas instituciones han hecho públicos sus datos, incluidas bibliotecas nacionales, instituciones de patrimonio cultural, agencias meteorológicas estatales, redes sociales, Wiki data y municipios. Sin embargo, acceder a estos nuevos repositorios de datos abiertos no es fácil, ya que necesita saber cómo se usa el lenguaje de consulta de la base de datos SPARQL y cómo se estructura la información para comprender cómo acceder a los datos que necesita. Este Trabajo Fin de Grado (TFG) se basa en bibliotecas virtuales / digitales que ofrecen contenidos a través de datos abiertos como información sobre obras y autores. El objetivo del trabajo es reutilizar y facilitar el acceso a estos recursos que ofrecen las bibliotecas virtuales. (Guijarro, 2020)

Los bots son piezas de software basados en inteligencia artificial capaces de tener conversaciones o interacciones con las personas. Esta segunda oleada bots (o chatbots) viene más bien por lo segundo, las interacciones y la capacidad que tienen las máquinas de realizar tareas de manera automática e inteligente a través de la palabra (escrita o hablada) evitando a las personas el tener que llevarlas a cabo.

La propia IFLA ya habló de Inteligencia Artificial en las bibliotecas en su informe IFLA Trend Report. Una Inteligencia Artificial basada en el reconocimiento de voz, síntesis del habla y traducción simultánea. Inteligencia Artificial que va más allá de la capacidad de respuesta y busca aprender en cada una de las situaciones.

Ahora estos chatbots han evolucionado mucho y quieren dar un paso más. Han evolucionado hasta el punto en que, por ejemplo, hacen reservas en restaurantes o toman un pedido de comida y te cobran por ello. Algunos de estos ejemplos se pueden ver en Taco Bell a través del motor de inteligencia artificial TacoBot que le permite ordenar y pagar comestibles sin intervención humana (y en una conversación cercana y natural con el cliente). O el caso de Dominos Pizza y la solicitud de comida en Twitter.

Últimamente se ha hablado mucho de bots e inteligencia artificial en grandes empresas tecnológicas como Facebook, Apple, Google y Microsoft. Empresas que normalmente marcan el futuro tecnológico y el camino a seguir, no sin errores o predicciones incorrectas. La verdad es que los avances en tecnología parecen ocurrir de la noche a la mañana. No hay día o semana en que no veamos nada sorprendente que parezca imposible o algo que ni siquiera se nos pasó por la cabeza. (Marquina, 2019, p.3)

Basado en el término más general, una biblioteca es una institución cuyo propósito es la adquisición, preservación, estudio y exhibición de libros y documentos. Otras definiciones de biblioteca se refieren a un lugar, un objeto e incluso una serie de libros que tienen el mismo tema en común.

La idea de crear una biblioteca virtual que incluya un conocimiento ilimitado sobre estanterías o grandes salas no es nueva, pero sigue sorprendiéndonos. Las posibilidades de acceder a una biblioteca virtual a través de la red son tan ilimitadas como el crecimiento constante de autores y lectores.

Si bien es cierto que existen muchos centros y bibliotecas de cierto tipo, particularmente en lo que respecta a Internet, que buscan incentivar el desarrollo de una comunidad social y científica, la creación de una base de datos y una herramienta de búsqueda es crucial para el funcionamiento de una biblioteca virtual con sistema de navegación. por los medios que facilitan nuestro trabajo, con la capacidad de mostrarnos resultados relacionados con la búsqueda.

Las bibliotecas virtuales se nos presentan como una herramienta de búsqueda y un aporte de conocimiento para todos. Llegaron hace mucho tiempo para satisfacer otra necesidad creada para nosotros a partir de la era de Internet. (Alvarado, 2012, p.4)

Conclusiones y trabajos a futuro

En este proyecto se propone como objetivo diseñar y crear un asistente con tecnología artificial capaz de ayudar a las personas en cuestión de aprendizajes en bibliotecas o de uso académico, así mismo también poder utilizarlo para nuestra comodidad o uso personal.

Se considera desarrollar un sistema con Raspberry Pi utilizando el código Python, capaz de comunicarse con el usuario y sea capaz de dividirse en varias secciones, comenzando por la activación con la voz para después acatar la orden, procesarla y dar una respuesta exacta y lógica.

El asistente será diseñado para que pueda acceder a distintas páginas a plataformas mediante las credenciales que el usuario le proporcione o la biblioteca que lo proporcione manteniendo la privacidad y ajustándose a las normas vigentes.

Por otra parte, en el futuro puede haber nuevas mejoras o actualizaciones, así como podría ser un asistente completamente funcional.

Como se ha mencionado anteriormente, el proyecto tratara de una versión reducida de una biblioteca, así como otras más funciones en el ámbito académico, es decir, este será un prototipo que más adelante será aún más investigado y renovado con numerosas nuevas habilidades y funciones para que sea más atractivo para los usuarios.

Referencias bibliográficas virtuales

Alvarado F. (2012), "Herramientas de búsqueda, unión y difusión del conocimiento: Bibliotecas virtuales", Obtenido de la Red Mundial el 26 de noviembre de 2020. https://www.cromacultura.com/herramientas-de-busqueda-union-y-difusion-del-conocimiento-bibliotecas-virtuales/

Avendaño A. (2020), "Bibliotecas Virtuales y ¿para qué sirve?", Obtenido de la Red Mundial el 26 de noviembre de 2020. http://archivosagil.blogspot.com/2017/05/bibliotecas-virtuales-y-para-que-sirve.html

Baratz C. (2017), "Los 7 objetivos de las bibliotecas digitales", Obtenido de la Red Mundial el 26 de noviembre de 2020. https://www.comunidadbaratz.com/blog/los-7-objetivos-de-las-bibliotecas-digitales/

Bostrom, N. (2016) "Inteligencia artificial beneficios probados", Obtenido de la Red Mundial el 2 de octubre de 2020. https://www.bbvaopenmind.com/articulos/inteligencia-artificial-de-beneficios-probados/

Briseño, (2019), "La inteligencia artificial como herramienta de la educción", Obtenido de la Red Mundial el 2 de octubre de 2020. https://www.interempresas.net/Tecnologia-aulas/Articulos/254948-Inteligencia-artificial-en-las-aulas-la-herramienta-para-personalizar-la-educacion.html

Carcelero P. (2019), "Estudiar para Ser Bibliotecario y Trabajar en Bibliotecas.", Obtenido de la Red Mundial el 26 de noviembre de 2020. https://www.masterd.es/blog/estudiar-para-ser-bibliotecario-y-trabajar-en-bibliotecas/

Diario E. (2008), "¿Cuál es el concepto de una biblioteca virtual?", Obtenido de la Red Mundial el 26 de noviembre de 2020. https://www.eldiario.ec/noticias-manabi-ecuador/89972-cual-es-el-concepto-de-una-biblioteca-virtual/

Escutia, M. (2019), "La biblioteca humana en México" elementos a considerar desde la perspectiva de los derechos humanos, Obtenido de la Red Mundial el 2 de octubre de 2020. https://scholar.google.es/scholar?hl=es&as_sdt=0%2C5&q=La+biblioteca+humana+en+M%C3%A9xico%3A+elementos+a+considerar+desde+la+perspectiva+de+los+derechos+humanos.&btnG

Español E. (2016), "Cómo tener tu propia asistente virtual", Obtenido de la Red Mundial el 29 de octubre de 2020. https://www.entrepreneur.com/article/281128

García, P. (2012), "Siri y el futuro de la biblioteca", Obtenido de la Red Mundial el 2 de octubre de 2020. https://www.biblogtecarios.es/pablogarcia/siri-y-el-futuro-de-la-biblioteca/

Gomez M. (2019), "Bibliotecas virtuales, un recurso de apoyo para la educación virtual", Obtenido de la Red Mundial el 26 de noviembre de 2020. http://elearningmasters.galileo.edu/2018/09/13/bibliotecas-virtuales-para-la-educacion-virtual/

González I. (2019), "Los asistentes virtuales son cada vez más personales", Obtenido de la red mundial el 29 de octubre de 2020. https://www.elespanol.com/omicrono/tecnologia/20191225/asistentes-virtuales-vez-personales/447705540_0.html#:~:text=Los%20asistentes%20virtuales%20son%20cada%20vez%20m%C3%A1s%20comunes%20en%20nuestro,en%20una%20relaci%C3%B3n%20m%C3%A1s%20personal.&text=Las%20relaciones%20entre%20humanos%20y,estudio%20desde%20hace%20muchos%20a%C3%B1os.

Guijarro P. (2020), "Asistente virtual para un sistema de información.", Obtenido de la Red Mundial el 26 de noviembre de 2020. http://rua.ua.es/dspace/handle/10045/101934

Guilarte M. (2012), "Las 5 ventajas de un asistente virtual con tecnología semántica", Obtenido de la red mundial el 29 de octubre de 2020. https://www.muycomputerpro.com/2012/11/11/las-5-ventajas-de-un-asistente-virtual-con-tecnologia-semantica

Herrera S., (2017), "Los asistentes virtuales: dispositivos que pueden hacerte la vida más cómoda". Obtenido de la Red Mundial el 28 de octubre de 2020. http://tublogtecnologico.com/los-asistentes-virtuales-dispositivos-pueden-hacerte-la-vida-mas-comoda/

Imbert S. (2019), "Asistentes virtuales: qué son, tipos y ejemplos", Obtenido de la Red Mundial el 28 de octubre de 2020. https://blog.enzymeadvisinggroup.com/asistente-virtual

Izaguirre D. (2016), "Ser asistente virtual: lo bueno, lo malo y lo feo", Obtenido de la red mundial el 29 de octubre de 2020. https://profesionalvirtual.net/ser-asistente-virtual-lo-bueno-lo-malo-y-lo-feo/

Jiménez, B. (2019), "Descripción: Máster Universitario en Ingeniería Informática", Obtenido de la Red Mundial el 2 de octubre de 2020. http://hdl.handle.net/10486/688926

Marquina J. (2019), "¿Llegarán algún día los bots a las bibliotecas? ¿Qué pasará si lo hacen?", Obtenido de la Red Mundial el 26 de noviembre de 2020. https://www.julianmarquina.es/llegaran-algun-dia-los-bots-a-las-bibliotecas-que-pasara-si-lo-hacen/

Marquina J. (2019), "5 elementos clave que hacen que el sitio web de tu biblioteca destaque sobre el resto y atraiga a las personas.", Obtenido de la Red Mundial el 26 de noviembre de 2020. https://www.julianmarquina.es/5-elementos-clave-que-hacen-que-el-sitio-web-de-tu-biblioteca-destaque-sobre-el-resto-y-atraiga-a-las-personas/

Milich G. (2019), "Asistente de Google: conoce sus funciones y cómo utilizarlo", Obtenido de la Red Mundial el 26 de noviembre de 2020. https://rockcontent.com/es/blog/funciones-del-asistente-de-

google/#:~:text=El%20Asistente%20de%20Google%20es,estadounidense%2
0en%20los%20%C3%BAltimos%20a%C3%B1os.

Millar P. (2019), "Asistente de voz, conoce todas sus ventajas y desventajas",
Obtenido de la Red Mundial el 29 de octubre de 2020.
https://www.milar.es/blog/asistente-de-voz-conoce-todas-ventajas-
desventajas/

Mindmeld D. & Tractica F., (2018), "Statista, Socratic Technologies" Tendencias
globales para el mercado de los asistentes virtuales, Obtenido de la Red
Mundial el 2 de octubre de 2020. https://nae.global/es/tendencias-globales-
para-el-mercado-de-los-asistentes-virtuales/

Muller G. & Bostrom, N. (2016), "Inteligencia artificial beneficios probados", Obtenido
de la Red Mundial el 2 de octubre de 2020.
https://www.bbvaopenmind.com/articulos/inteligencia-artificial-de-beneficios-
probados/

Newsletter R., (2016), "¿Somos conscientes de los retos y principales aplicaciones
de la Inteligencia Artificial?", Obtenido de la Red Mundial el 2 de octubre de
2020. https://www.iberdrola.com/te-interesa/tecnologia/que-es-inteligencia-
artificial

Norvig P. & Russel, S. (1996) "Inteligencia Artificial: Un Enfoque Moderno. México"
Prentice Hall Hispanoamérica, Obtenido de la Red Mundial el 2 de octubre de
2020.

https://fido.palermo.edu/servicios_dyc/publicacionesdc/vista/detalle_articulo.p
hp?id_libro=138&id_articulo=4632

Pag, EcuRed (2018), "Asistente virtual", Obtenido de la red mundial el 29 de octubre
de 2020. https://www.ecured.cu/Asistente_virtual

Pardo D. (2017), "Asistentes virtuales: qué son y cómo nos ayudan" ¿Conoces a
Alexa y sus amigas? ¿Qué son los asistentes virtuales?, Obtenido de la Red
Mundial el 28 de octubre de 2020. https://pandorafms.com/blog/es/asistentes-
virtuales/

Pastor J. (2014), "Ni Cortana, ni Siri, ni Google Now: hazte un asistente a tu medida
con Api.ai", Obtenido de la Red Mundial el 28 de octubre de 2020.
https://www.xataka.com/moviles/ni-cortana-ni-siri-ni-google-now-hazte-un-
asistente-a-tu-medida-con-api-ai

Quispe, F. (2019), "Uso de tecnología móvil en bibliotecas públicas peruanas":
¿cómo vamos?, Obtenido de la Red Mundial el 2 de octubre de 2020.
http://bid.ub.edu/es/43/quispe.htm

Reins V. (2019), "Pros y contras de LOS ASISTENTES VIRTUALES", Obtenido de
la Red Mundial el 29 de octubre de 2020. https://prosycontras.de/los-
asistentes-virtuales/

Rodríguez J. (2014), "Qué es un asistente virtual y cómo puede ayudarte con tu empresa", Obtenido de la Red Mundial el 26 de noviembre de 2020. https://www.pymesyautonomos.com/tecnologia/que-es-un-asistente-virtual-y-como-puede-ayudarte-con-tu-empresa

Sánchez, M., (2002), "Bibliotecas electrónicas, digitales y virtuales": tres entidades por definir, Obtenido de la Red Mundial el 2 de octubre de 2020. http://scielo.sld.cu/scielo.php?script=sci_arttext&pid=S1024-94352002000600005

Suporte E. (2015), "10 características de un Asistente Virtual altamente efectivo", Obtenido de la red mundial el 29 de octubre de 2020. https://blog.virtualianet.com/10-caracteristicas-asistente-virtual-altamente-efectivo/

Tillman M. (2020) "¿Qué es el Asistente de Google y qué puede hacer?", Obtenido de la Red Mundial el 26 de noviembre de 2020. https://www.pocket-lint.com/es-es/aplicaciones/noticias/google/137722-que-es-el-asistente-de-google-como-funciona-y-que-dispositivos-lo-ofrecen

Torres G. (2018), "Biblioteca digital o virtual - El desarrollo de las bibliotecas ...", Obtenido de la Red Mundial el 26 de noviembre de 2020. https://www.revista.unam.mx/vol.5/num6/art35/art35-1.htm

Torroba, L. (2016), "Los asistentes virtuales y la privacidad", Obtenido de la Red Mundial el 2 de octubre de 2020. https://www.softzone.es/2016/06/01/los-asistentes-virtuales-y-la-privacida

Unocero, (2019), "¿Cuál es el asistente virtual más inteligente? Este estudio lo demuestra", Obtenido de la red mundial el 29 de octubre de 2020. https://www.unocero.com/noticias/cual-es-el-asistente-virtual-mas-inteligente-este-estudio-lo-demuestra/

Vargas, R., (2020), "Chatbot o asistente virtual en las Bibliotecas académicas", Obtenido de la Red Mundial el 2 de octubre de 2020. https://bibliosabana.wordpress.com/2020/04/03/chatbot-o-asistente-virtual-en-las-bibliotecas-academicas/